Perspectieven op onze kenniseconomie

Dr. F.D.J. Grotenhuis

Colofon
Perspectieven op onze kenniseconomie
© 2022 F.D.J. Grotenhuis, Amersfoort

Tekst - F.D.J. Grotenhuis
Vormgeving - Op de Millimeter
Fotomateriaal - iStock
Uitgever - Lulu.com

De meeste bijdragen in dit essay zijn eerder gepubliceerd op de website van Grotenhuis Organisatieadvies bv[1] gedurende de periode 2019-2021.

Eerste druk, februari 2022
978-1-6780-1486-5

Inhoudsopgave

Introductie — 5

DEEL I - HET CREËREN VAN WAARDE — 9
Bankiers en vuilnismannen — 10
Bedrijfsmodellen voor ecosystemen — 13
Bedrijfsmodellen in de culturele sector — 18
Creatie van waarde of Waarde van creatie — 20
Creatieve industrie voor een circulaire economie — 22

DEEL II - SCHUIVENDE PANELEN — 25
Canibals with forks — 26
China: machtsblok van de 21^e eeuw — 28
De metropolis als bakermat voor de kenniseconomie — 31
Van kennisland naar kermisland — 34
De markt en de overheid — 36

DEEL III - DIGITALISERING ALS GAMECHANGER — 39
Cruiseschip als living lab — 40
Het internet der dingen — 42
AI for good — 44
Democratisering van het bancaire stelsel — 48
Digitale universums in China en de VS — 51

Tot slot — 55
Over de auteur — 58
Referenties — 59

"Laten we afspreken dat we alleen nog over economische groei spreken als iedereen erop vooruitgaat."

- Loesje[2]

Introductie

Nederland is de afgelopen decennia gestaag getransformeerd naar een kenniseconomie, een economie die steeds meer drijft op kenniswerkers en kennisintensieve diensten. Veel productiewerk is al lang geleden geoutsourcet naar lagelonenlanden. Alhoewel, sinds COVID-19 worden langzaam weer meer strategische activiteiten ingesourcet. De Nederlandse economie drijft op een aantal kurken, wat beleidsmatig in 2004 sleutelgebieden en in 2011 topsectoren zijn gaan heten. In 2019 is het overheidsbeleid verder gekanteld naar vier missies, waar de topsectoren zich toe verhouden: energietransitie en duurzaamheid, landbouw/water/voedsel, gezondheid en zorg, en veiligheid.

Als gevolg van zijn sterke internationale oriëntatie, zijn rol in de vorming van de Europese Unie en de recente globaliseringsgolf, is Nederland een sterke mondiale speler geworden. De andere kant van deze medaille is economische tegenspoed bij globalisering en protectionisme, zoals in tijden van COVID-19. Een nieuwe economische werkelijkheid is hiermee geschapen, waarin oude vanzelfsprekendheden niet altijd meer opgaan.

Ook op Europees niveau wordt sinds 2000 (Strategie van Lissabon) gerept over een sterke kenniseconomie en de ambitie om in 2010 de meest concurrerende en dynamische kenniseconomie van de wereld te zijn[3]. Mondiaal is er al decennia sprake van schuivende machtsblokken[4]. Sinds de jaren 60 wordt gesproken van 'The Four Tigers': Hong Kong, Singapore, Taiwan, Zuid-Korea. Deze vier landen hebben zich ook na crises als in 1987 en 2008 goed weten te herstellen[5]. Begin 21^e eeuw hadden we de

BRIC landen (Brazilië, Rusland, India, China), ruim 10 jaar later de MINT landen (Mexico, Indonesië, Nigeria en Turkije)[6].

In het boek *De Nieuwe Zijderoutes* van Frankopan[7] wordt een sterk beeld geschetst van het netwerk van relaties langs de nieuwe zijderoutes, alsmede wat dit betekent voor mondiale machtsrelaties. Met de Brexit is dit beeld niet beter geworden. En met Trump als 45[e] president is de reputatie van de Verenigde Staten als hoeder van de wereld behoorlijk afgenomen. Sinds enkele jaren wordt steeds vaker gerept over economische groei en de potentie van landen gelegen aan de nieuwe zijderoute. Uiteraard wordt een land als China genoemd, maar ook Iran, of Kazachstan waar in 2017 nog de World Expo werd georganiseerd.

Digitalisering speelt hierbij een steeds groter wordende rol. China en de Verenigde Staten denderen al jaren door met (forse) investeringen in kunstmatige intelligentie. Europa loopt ver achter, mede door trage besluitvorming, maar ook ethische discussies die gevoerd worden. China daarentegen kondigt medio 2020 aan nog eens '4 trillion dollar' in digitale transformatie te investeren[8].

Digitalisering en globalisering versterken elkaar in sterke mate, zoals in de zogenaamde platformeconomie. Bedrijven als Airbnb en Uber, worden gedreven door algoritmen en gevoed door big data van gebruikers zelf. Daarbij wordt het schuiven van industriële machten, - van industriëlen, zoals Shell, naar techbedrijven, zoals Apple en Amazon - steeds beter zichtbaar. Hierbij vertegenwoordigen de laatstgenoemden inmiddels een substantieel grotere beurswaarde.

Door deze ontwikkelingen neemt de sociale onrust toe. Dit wordt versterkt door een toegenomen gevoel van onrecht, machteloosheid en groeiende kloof tussen arm en rijk. De brede middenklasse is aan het afbrokkelen. In 2011 was Occupy Wall Street[9], dat wereldwijd navolging kreeg, hier een duidelijke uiting van, evenals de protestbeweging van de gele hesjes in 2018. Ook in het boek *Fantoomgroei* van Heijne en Noten[10] wordt een pijnlijk herkenbare analyse gegeven van hoe marktwerking is doorgeslagen. Publieke taken zoals zorg en onderwijs zijn uitgehold, terwijl winsten in het bedrijfsleven exponentieel toenemen.

Naast globalisering en digitalisering is COVID-19 een majeure game changer met grote invloed op onze samenleving en kenniseconomie. In dit essay worden diverse perspectieven op onze kenniseconomie geschetst waarin bovenstaande ontwikkelingen worden geduid en geïllustreerd. Het gezegde dat er voor economen dertien theorieën in een dozijn gaan, betekent zoiets als wanneer je twee economen vraagt om de oplossing voor een vraagstuk, je twee verschillende (en soms ook nog tegenstrijdige) antwoorden kunt verwachten. Dit essay met vijftien perspectieven heeft dan ook geen pretenties allesomvattend te zijn. Het biedt een leerzame inkijk in relevante ontwikkelingen en de betekenis hiervan voor de kenniseconomie van morgen.

DEEL I
Het creëren van waarde

Fundamenten van een kenniseconomie zijn onderwijs, onderzoek en ondernemerschap. Deze worden gefaciliteerd door overheidsbeleid. In dit eerste deel wordt eerst ingegaan op wie 'verdient' wat, in relatie tot de waarde die beroepsgroepen toevoegen. Daarna wordt gekeken naar bedrijfsmodellen voor ecosystemen waar bedrijfsleven en kennisinstellingen samenwerken. Hierbij wordt ingezoomd op een voorbeeld van bedrijfsmodellen in de culturele sector. Vervolgens wordt de schijnbare tegenstelling tussen waarde van creatie en creatie van waarde bediscussieerd. Tot slot wordt de (cross-over) waarde van de creatieve sector geduid in relatie tot een circulaire economie.

Bankiers & vuilnismannen

Economie en kapitalisme hebben het afgelopen decennium een steeds negatievere connotatie gekregen. Tot de jaren tachtig van de vorige eeuw heeft het kapitalisme grote welvaart gebracht aan de wereld, zeker in de wederopbouwjaren na de Tweede Wereldoorlog. Na de agrarische revolutie kwam de industriële revolutie die vandaag de dag met digitalisering (industrie 4.0[11]) nog steeds voortschrijdt.

Tegelijkertijd is het kapitalisme veel te ver doorgeslagen. Sinds diezelfde jaren tachtig is de ongelijkheid (weer) disproportioneel toegenomen. Topbestuurders van grote beursgenoteerde bedrijven verdienen honderden keren meer dan de gemiddelde werknemer. Dit nog naast de nodige bonus- en vertrekregelingen. In het boek Waarom verdienen vuilnismannen meer dan bankiers? van Bregman en Frederik van de Correspondent uit 2015[12] wordt deze toenemende ongelijkheid in inkomen en vermogen aan de kaak gesteld.

Waarom worden beroepen die duidelijk waarde toevoegen zo beperkt beloond? Denk hierbij aan vuilnismannen, brandweerlieden, of zorgpersoneel. Tegelijkertijd zijn er beroepen die vele malen beter worden beloond en niet altijd (direct of zichtbaar) waarde toevoegen. Denk aan CEO's van grote bedrijven, topsporters, of beleggers in cryptovaluta. Een van de oorzaken die Bregman en Frederik duiden is dat het onderscheid tussen waarde en prijs is zoekgeraakt. Een andere discussie die wordt aangesneden raakt aan vermogen in relatie tot plek van geboorte, grond- en huizenprijzen die de afgelopen decennia zijn geëxplodeerd, en patenten.

In 2007 schreef Dick Pels het boek *De economie van de eer*[13], waar hij uitgebreid ingaat op de nieuwe sociale tweedeling tussen rijk en arm. "Waarom verdient Oprah Winfrey per dag meer dan anderen in een heel jaar?" Pels pleit voor meer zorgzaamheid, duurzaamheid, vakmanschap en soberheid, waarbij waarde wordt losgekoppeld van marktwaarde.

In het boek *Fantoompijn* schetsen Heijne en Noten[14] hoe bedrijfswinsten zijn geëxplodeerd en werknemers hier nauwelijks iets van merkten in hun eigen salaris. Cruciale sectoren, zoals onderwijs, zorg en politie, werden steeds verder uitgekleed, met als hoger doel economische groei. Een sterk pleidooi om als maatschappij van deze groeiverslaving af te raken en als maatschappij naar een gezonde balans toe te werken. Hierbij renderen economie, maatschappij en onze planeet zonder een voorschot op de toekomst te nemen. Een van de vele maatschappelijke uitingen hiervan zijn de zogenaamde 'gele hesjes' die in Europa de afgelopen jaren van zich doen spreken. Gelukkig ontstaat er wat betreft duurzaamheid en onze planeet wereldwijd steeds meer aandacht. De Statistische Commissie van de VN heeft in 2021 een nieuwe meetmethode geïntroduceerd: de natuurlijkkapitaalrekeningen[15]. Hiermee wordt de waarde van natuurlijk kapitaal in kaart gebracht en het monopolie op het eenzijdige bruto binnenlands product als enige maatstaf voor welvaart verbroken.

Ook het CBS meet tegenwoordig meer dan alleen economische waarde. In haar *Monitor Brede Welvaart & de Sustainable Development Goals 2020*[16] wordt voor de derde keer beschreven hoe welvaart zich in de brede zin van het woord in Nederland ontwikkelt. Dit wordt beschreven vanuit een economisch, ecologische en sociaal-maatschappelijke perspectief. Daarbij wordt gekeken naar de monitor als momentopname, maar ook naar de druk die vandaag wordt gelegd op toekomstige generaties. We zijn er nog lang niet, maar er worden goede stappen gezet naar een eerlijkere verdeling van welvaart.

Bedrijfsmodellen voor ecosystemen

Context

De ontwikkeling van ecosystemen gaat niet altijd over rozen. Ecosystemen worden ontwikkeld met een specifiek doel in gedachten, bijvoorbeeld om een regionaal of zelfs nationaal cluster te ondersteunen en stimuleren. Voorbeelden hiervan zijn ICT for Brain, Body and Behavior[17] (i3B) in Wageningen, de Maritime Campus op het gebied van Marine, Maritieme en Milieutechnologie[18] in Den Helder, en MindLabs op het gebied van nieuwe technologie en gedrag in Tilburg[19].

Belangrijke stakeholders daarbij zijn veelal (lokale) overheden, onderwijs- en onderzoeksinstellingen alsmede bedrijfsleven en maatschappelijke partners. Het fundament van de publiek-private samenwerking in deze 'gouden driehoek' bestaat uit een collectieve ambitie en vertrouwen.

Ontwikkelen van ecosystemen

Veelal hebben enkele marktpartijen, al dan niet samen met kennisinstellingen, een gezamenlijk beeld dat wordt doorontwikkeld in een missie en visie. Wanneer dit (regionaal) onderscheidend is en wordt gedragen door (lokale) overheden helpt dit enorm in het geven van een impuls aan het betreffende initiatief.

Op basis hiervan kan een waarde- en marktpropositie worden ontwikkeld, ook wel businessplan genaamd. Afhankelijk van de doelstellingen kan dit een strategische (onderzoeks)agenda zijn. Verder is het van belang tijdig een bedrijfsmodel te ontwikkelen om te onderzoeken of het initiatief ook op langere termijn bestaansrecht kan hebben.

Bedrijfsmodel

Bedrijfsmodellen bestaan in vele soorten en maten. Ostenwalder en Peigner[20] hebben in 2010 het boek *Business Model Generation* uitgebracht wat een standaardwerk is geworden. Hierin worden diverse typen bedrijfsmodellen bij elkaar gebracht, inclusief een platformfunctie als bedrijfsmodel. Dit is vaak relevant bij de ontwikkeling van ecosystemen.

De ontwikkeling van een bedrijfsmodel betreft maatwerk. Diverse lessen zijn echter te leren. Klempic verwijst bijvoorbeeld naar een onderzoek van Flavio Curvelo Magdaniel waarbij 39 technologie-campussen zijn vergeleken[21]. Tegelijkertijd blijft dit context-specifiek en is er niet een perfecte manier om ecosystemen te organiseren. Een grote gemeenschappelijke deler blijkt telkens weer het organiseren van de ontmoeting: *"You should organize a campus in such a way that there is a constant flow op people – preferably as diverse as possible"*.

Naast initiële investeringen en kosten is het zaak de te verwachten opbrengsten in te schatten met behulp van scenario's. De praktijk leert dat de meeste ecosystemen een jarenlange (subsidie) impuls nodig hebben om in de lucht te komen. Subsidie impulsen dienen gestaag te worden afgebouwd, waarbij overige inkomsten gestaag stijgen.

Bij marktfalen is een (tijdelijke) subsidie gelegitimeerd, zeker wanneer betreffende overheden een groot economisch en of maatschappelijk belang onderkennen. Marktfalen kan hier worden gedefinieerd als het ontbreken van een automatische rol van de markt als gevolg waarvan een potentieel relevante sector niet of niet optimaal tot wasdom kan komen. In deze discussie is de praktijk vaak weerbarstig om aantoonbaar te maken wat de potentiële opbrengsten zijn.

Participantenmodel
Als onderdeel van het bedrijfsmodel wordt, naast subsidies en bijdragen van partners, vaak gewerkt met een zogenaamd participantenmodel. Partijen kunnen participant worden. Dit houdt in dat tegen een bepaalde vergoeding specifieke diensten of producten staan. Vaak 'koopt' men toegang tot kennis, talent en een hoogwaardig netwerk.

Binnen een participantenmodel kan onderscheid gemaakt worden tussen drie niveaus van 'benefits' (voordelen): brons, zilver en goud. Ieder niveau kent zijn eigen, specifieke benefits. Deze worden als onderdeel van het bedrijfsmodel uitgewerkt.

Bedrijven, kennisinstellingen en maatschappelijke organisaties betalen op jaarbasis een bijdrage, waarmee het bureau en activiteiten kunnen worden gefinancierd. Afhankelijk van de grootte van de organisatie en het participatieniveau betalen ook partijen een jaarlijkse bijdrage. Daarbij wordt gestreefd naar een meerjaren commitment van het bedrijfsleven.

De bijdrage voor het hoogste niveau is hoger dan voor de andere niveaus. Zo krijgen 'goud' participanten meer voordelen dan brons of zilver. Mogelijke partners worden zorgvuldig gescreend op hoe goed zij passen binnen betreffende ecosysteem, in relatie tot de inhoudelijke doelstellingen. Zo wordt geborgd dat er geen wildgroei aan partijen ontstaat die niet goed aansluiten bij de (inhoudelijke) ambities en de andere partners.

Denkbare diensten zijn 'matchmaking' bijeenkomsten, gratis toegang tot bepaalde evenementen, korting op een 'Summer

Course', korting op trainingen van partners of zelfs toegang tot een exclusief VIP business netwerk. Ook het lidmaatschap van de Raad van Advies kan een optie zijn, zodat partijen mee kunnen 'sturen'.

Diensten worden veelal doorontwikkeld, naar gelang de (markt) vraag. Het aanbod dient goed te worden afgestemd met de betrokken marktpartijen. Ook leert de praktijk dat het van belang is een realistisch aanbod te ontwikkelen.

Revolverende opbrengsten
Naast de directe opbrengsten van een kennisintensief ecosysteem in ontwikkeling kunnen ook indirecte opbrengsten worden gegenereerd. Voorbeelden van directe opbrengsten zijn het aantal starters, vestiging van nieuwe bedrijvigheid, patenten, research funding, en dergelijke. De indirecte opbrengsten kunnen als revolverend worden beschouwd, omdat deze activiteiten en de synergie hiertussen in samenhang mogelijk worden. Afhankelijk van het type ecosysteem kunnen verschillende soorten revolverende opbrengsten onderscheiden worden. Veelal worden deze opbrengsten gecategoriseerd aan de hand van de vier O's: ondernemerschap, onderwijs, onderzoek, en outreach.

In termen van ondernemerschap kan worden gedacht aan patenten en licenties, groei van nieuwe bedrijvigheid, en daarmee werkgelegenheid.

Wat betreft onderwijs kan worden gedacht aan de doorstroom tussen MBO-HBO en HBO-WO. Waar vraag en aanbod elkaar vinden, kunnen ecosystemen met kennisinstellingen en bedrijven een optimale aansluiting van onderwijs op de arbeidsmarkt organiseren.

Voor grotere marktpartijen, maar ook voor investeerders, is een talentenpool relevant in de vorm van potentiële werknemers, bijvoorbeeld na een stageperiode. Tegelijkertijd kunnen studenten zich ontwikkelen tot ondernemer in startups en kleinere bedrijven kunnen doorgroeien tot scale-ups. Waarbij de laatstgenoemde interessant is voor grotere bedrijven en investeerders.

Op het vlak van onderzoek is veelal sprake van 'contractonderzoek'. Hierbij investeren externe partners in gezamenlijke onderzoeksprojecten en/of onderwijs en training, gericht op korte en lange termijn kennisvragen uit de industrie. Daarbij kunnen maatwerk 'one-to-one' contracten of consortiumovereenkomsten worden gebouwd.

Outreach raakt aan het naar buiten treden en profileren van een ecosysteem. Communicatie en evenementen spelen hierbij een belangrijke rol, namelijk het organiseren van de ontmoeting. Daarnaast gaat het bij outreach om het etaleren van kennis en kunde en vooral om potentiële mogelijkheden voor nieuwe participanten of klanten.

Conclusies
Het ontwikkelen van ecosystemen is geen sinecure. Het betreft maatwerk en vergt een lange adem. Ecosystemen hebben kans van slagen indien partners elkaar kunnen vinden op inhoud en zij vertrouwen hebben in elkaar. Vaak helpt een impuls vanuit de overheid om echt in de lucht te komen en 'te gaan vliegen'. Het aanjagen is het meest delicaat. Wanneer een initiatief eenmaal vliegt kan het bedrijfsmodel gestaag doorgroeien met private bijdragen en een afname van overheidssteun.

Datum van eerste publicatie: 30 oktober 2019

Bedrijfsmodellen in de culturele sector

Het More museum[22] in Gorssel, met nog een kasteel als dependance in Ruurlo, is exemplarisch voor hoe private partijen (in casu Hans Melchers) investeren in regionale kunst en cultuur. Het More museum in de Gelderse Achterhoek profileert zich met modern realisme en is daarmee een echte trekker geworden voor dagjesmensen en toeristen.

Het Singer Laren museum[23] in het Gooi is ook zo'n voorbeeld. Hier heeft het Amerikaanse echtpaar Anna en William Singer hun kunstcollectie als cultureel erfgoed doorgegeven. Het Singer Laren herbergt naast het museum ook een theater alsmede een grote villa met beeldentuin. Zo vormt dit museum een belangrijk kunst- en cultuurmagneet van de regio. Samenwerking met grote sponsoren, van stichtingen en overheden tot marktpartijen, zoals advocatenkantoren, accountantskantoren en banken, is daarbij cruciaal om ook duurzaam te kunnen voortbestaan. Alleen zo kan kunst worden behouden en kunnen onderscheidende tentoonstellingen worden gefinancierd. Dit draagt weer bij aan het leefklimaat in de regio.

In de expositie van begin 2019 gaat het Singer Laren museum zelfs nog een stap verder door het tonen van kunstschatten van bedrijven, veelal sponsoren. Het museum kent dan ook een indrukwekkende lijst aan bedrijfssponsoren. Onder de noemer 'Out of the office: kunstschatten uit bedrijven' worden meer dan 150 bijzondere kunstwerken vertoond. Deze worden in een lange gang uitgebreid weergegeven, inclusief type collectie en aantal werken van de sponsor.

Het mes snijdt hiermee aan twee kanten. Voor het publiek is dit een buitenkans om hoogtepunten uit de bedrijfscollecties te zien. Hier hebben ze normaal geen toegang tot. Het principe van schaarste creëren, door tijdelijk een unieke collectie te tonen, werkt hier erg goed. Voor de bedrijven die partner of sponsor zijn van Singer Laren is dit mooie reclame. Ze kunnen hun kunstcollectie tonen en hun naamsbekendheid versterken onder een breed publiek.

Het is mooi dat vermogende mensen op deze manier kunst en cultuur voor een breed publiek toegankelijk kunnen maken, zeker ook in regio's waar een beperkter aanbod bestaat. De andere kant van de medaille is dat kunst minder 'democratisch' wordt. Dit in de zin dat een private partij (sponsor) bepaalt waar het accent in een (nieuw) museum komt te liggen. Daarom is het goed dat de overheid ook vanuit een paternalistische rol hoeder is en blijft van kunst en cultuur. Dit naast de mooie en onderscheidende private initiatieven.

Datum van eerste publicatie: 25 februari 2019

Creatie van waarde of Waarde van creatie?

In 2010, bijna tien jaar geleden, werd een nationaal innovatieprogrammavoorstel met de titel 'Waarde van creatie'[24], voor de creatieve industrie ontwikkeld. Naast de intrinsieke, culturele en economische waarde, heeft de creatieve industrie vooral ook waarde voor andere sectoren en maatschappelijke en economische domeinen. Deze waarde komt enerzijds tot uitdrukking in methoden en technieken, zoals design thinking, user-centered design en story-telling. Anderzijds voegt de creatieve industrie waarde toe met specifieke producten en diensten. De voorbeelden zijn legio, van de bewegwijzering op Schiphol, waarmee de doorstroom verbetert, tot het ontwerpen (vanuit de eindgebruiker geredeneerd) voor duurzaam rijgedrag van vrachtwagenchauffeurs.

Deze zogenaamde crossovers komen tot uiting in de Sustainable Development Goals van de Verenigde Naties, of de Global Societal Challenges van de Europese Commissie. Op nationaal niveau is de uitdaging aan te sluiten op de nieuwe kabinetsmissies die in de zomer van 2018 zijn geformuleerd[25]: 'Landbouw, water & voedsel', 'Gezondheid & zorg', 'Energietransitie & duurzaamheid' en 'Veiligheid'. Sleuteltechnologieën zijn hierbij flankerend.

In Nederland wordt de directe waarde van de creatieve industrie dusver gemeten op basis van statistieken van het CBS. Daarbij kan worden gediscussieerd over definities, zoals welke categorieën worden er wel of niet meegeteld, maar ook over fasen van creatie (creatie, productie en of distributie).

Desalniettemin is door de tijd heen een redelijk stabiele lijn te ontwaren van 2-3% bijdrage aan het bruto nationaal product.

Bijvoorbeeld in Oostenrijk heeft Kreativwirtschaft Austria in haar zevende creatieve industrie rapportage ook de effecten van de creatieve industrie op de economie, investeringen, expert en innovatie doorgerekend: *"Any one euro of value added in the creative industries produces another 0,76 euro's in the rest of the economy"*[26].

In Nederland is de indirecte waarde van de creatieve industrie nog niet in zoveel detail in kaart gebracht. Het CBS heeft in 2014 wel een eerste vooronderzoek gepubliceerd over een zogenaamde satellietrekening cultuur en creatieve industrie[27]. Laten we hopen dat dit nu wordt doorgezet, zodat ook de waarde van creatie naar de vier kabinetsmissies inzichtelijker wordt!

Datum van eerste publicatie: 17 april 2019

Creatieve industrie voor een circulaire economie

IKEA zet steeds meer in op een circulair bedrijfsmodel, zowel in haar eigen productieproces als met verpakkingsmaterialen en logistiek. Sinds februari 2019 komt daar ook het verhuren van meubels bij. Hiermee speelt IKEA in op de trend van 'toegang tot spullen' versus 'eigenaarschap van spullen', naast het hergebruiken van spullen (circulaire economie). Het verhuren startte als test met een 'proeftuin', het woonproject 'Stek Oost' in Amsterdam[28]. Daarmee werd inzichtelijk welke problemen er zouden kunnen spelen en hoe het bedrijfsmodel kon werken.

Deze ontwikkeling is al langer zichtbaar, variërend van de OV-fiets en Greenwheels tot het lenen van gereedschap via het internet platform Peerby. Dit soort initiatieven winnen geleidelijk maar zeker aan schaal. Zo is over de afgelopen jaren het gebruik van de OV-fiets tientallen procenten gestegen, van 1,9 miljoen ritten in 2015 tot 3,2 miljoen ritten in 2017[29]. In 2018 is dat aantal zelfs meer dan 4 miljoen. Een gebruiksvriendelijk ontwerp van de fiets, maar zeker ook het ontwerpproces van het huren en terugbrengen van de OV-fiets, draagt bij aan zijn populariteit.

De circulaire economie is al een langere tijd in, maar de implementatie is soms nog weerbarstig. Dit hangt enerzijds samen met vernieuwing en verandering, iets wat niet altijd gemakkelijk is in organisaties. Anderzijds hapert deze ambitie soms in relatie tot het bedrijfsmodel, dat zich nog moet bewijzen. In hoeverre is er ruimte voor het experiment om nieuwe bedrijfsmodellen toe te passen en, indien succesvol, ook op te schalen?

Zo is er een behoorlijke schaduwzijde aan de hoeveelheid 'strooifietsen', een ander voorbeeld van de deeleconomie, die tot veel overlast leiden in grote steden[30].

De Nederlandse topsector voor de Creatieve Industrie zet al enkele jaren in op een circulaire economie. Dit doet ze onder meer met CIRCO[31], een initiatief uit 2015 waarbij design (methoden) en productie samenkomen. *"CIRCO is een beweging naar de circulaire economie, gevoed door de groeiende community rond 'creating business through circular design'. In en rondom CIRCO zitten ondernemers en bedrijven uit de maakindustrie en de creatieve industrie, en daarnaast onderzoekers, beleidsmakers en studenten."*

De waarde van de creatieve industrie voor duurzaamheid en een circulaire economie wordt hiermee steeds evidenter. De zoektocht, het experiment, naar nieuwe bedrijfsmodellen begint haar vruchten af te werpen. Creatieve methoden en technieken, zoals design thinking, iteratief ontwerpen, user-centered design, en storytelling worden steeds breder omarmd.

Datum van eerste publicatie: 12 februari 2019

DEEL II

Schuivende panelen

In dit deel worden diverse schuivende panelen geschetst. Deze zijn van grote invloed op onze wereld van morgen. Wat enkele decennia geleden startte met de 3P's van Planet, People and Profit is uitgegroeid tot het concept van een donut economie. Dit kwam voort vanuit het besef dat we niet kunnen (blijven) groeien ten koste van mensen en milieu. Een ander perspectief is de opkomst van economieën aan de zijderoute, waarvan China een exponent is als geldschieter van een nieuwe wereldorde. Verder wordt er ingezoomd op steden als broedplaatsen van innovatie. Vervolgens wordt de verschuiving van kenniseconomie tot 'kermiseconomie' toegelicht. Nederland, zoals verschillende andere Europese landen, richt zich steeds meer op toerisme ten koste van haar kenniseconomie. Tot slot wordt de kentering van vrije markt naar toenemende overheidsbemoeienis in dit deel bediscussieerd.

Canibals with forks

John Elkington kwam in 1999, met een pleidooi voor een gezonde balans tussen 'profitability, environmental quality, and social justice'. In zijn boek *Cannibals with Forks: the Triple Bottom Line of 21st Century Business*[32] illustreert Elkington hoe een aantal grote bedrijven dit in de praktijk toepassen.

Begin 21ᵉ eeuw deed de drie-eenheid van People, Planet en Profit haar intrede in Nederland. Daarmee ontstond gestaag het bewustzijn dat er grenzen aan de (economische) groei zijn. Zo rond 2008 kwam 'Maatschappelijk Verantwoord Ondernemen' (MVO) op, onder welke noemer inmiddels talloze initiatieven zijn ontplooid.

In 2017 werd Kate Raworth met haar boek *Donut Economie*[33] in één klap bekend door haar krachtige metafoor van de donut. De donut staat voor *"...een sociaal fundament van welzijn waar niemand onder mag zakken"*. Ook is het een symbool voor *"een ecologisch plafond dat wordt gevormd door de maximale druk van de planeet... tussen deze twee cirkels bevindt zich een veilige en rechtvaardige ruimte voor iedereen"*. Enerzijds 'oude wijn in nieuwe zakken', anderzijds een goed onderbouwd betoog met concrete handvatten naar een eerlijke en duurzame economie: verplichte kost voor economie studenten! Dit geldt evenzeer voor de degelijke studie van Thomas Piketty *Kapitaal in de 21ᵉ eeuw*[34]. Zijn illustere voorganger Karl Marx gaf hier al de voorzet toe met *Das Kapital* eind 19ᵉ eeuw.

Het kapitalisme als systeem heeft ons veel welvaart gebracht, zeker in vergelijking met voorgaande eeuwen. Tegelijkertijd is er een onmiskenbare schaduwzijde. De Koreaan Ha-Joon Chang schreef in 2010 over de schaduwzijde van het kapitalisme[35].

Joris Luyendijk beschreef in zijn boek *Dit kan niet waar zijn*[36] een ontluisterend beeld van de bancaire sector. Tegelijkertijd zien we de afgelopen jaren gestaag een kentering ontstaan. Een belangrijke impuls komt uit Japan en heet 'Society 5.0'. Society 5.0 *"envisions a sustainable, inclusive socio-economic system, powered by digital technologies such as big data analytics, artificial intelligence (AI), the Internet of Things and robotics. The 'cyberphysical system', in which cyberspace and the physical space are tightly integrated, becomes a pervasive technological mode supporting Society 5.0*[37]*"*.

In Europa hebben we de afgelopen jaren ingezet op de zogenaamde Grand Societal Challenges, gericht op grote maatschappelijke uitdagingen. Met het in 2018 gelanceerde missiegedreven innovatiebeleid wordt deze tendens nu ook in Nederland verder opgepakt. Tevens worden de *17 Sustainable Development Goals* van de Verenigde Naties steeds breder omarmd. Ook in Nederland worden ze zowel door gemeenten[38], als door onderwijs- en kennisinstellingen opgepakt.

Kortom, de overheid dient haar rol te herzien en de markt te reguleren. De vrije markt bleek helaas niet onfeilbaar. De macht van het grootkapitaal en daarmee de sterke lobby maakt dit niet eenvoudig. Daarom zijn ook bottom-up bewegingen nodig, zoals de gele hesjes of een zestienjarig meisje uit Zweden dat per trein naar Davos afreisd om bij het World Economic Forum te demonstreren. Het is aan de politiek een gezonde balans te vinden in het reguleren van de markt.

Datum van eerste publicatie: 16 oktober 2019

China: machtsblok van de 21ᵉ eeuw

In 1987 publiceerde Paul Kennedy het boek *The rise and fall of the great powers: economic change and military conflict from 1500-2000*. In dit boek analyseert hij hoe grote wereldmachten opkwamen, maar ook hoe deze weer naar de achtergrond van het wereldtoneel verdwenen. Kennedy concludeert dat een balanceer-act nodig is tussen (investeringen in) economische groei en (investeringen in) militarisme. In dit kader is China een mooi voorbeeld, zowel vanuit een historisch perspectief (de Minh periode) als vandaag en morgen, waarbij China ervoor kiest met diplomatie de wereld te veroveren.

In plaats van oorlogen te voeren investeert China al decennialang fors in haar infrastructuur en economie (en die van anderen). Het matige kwaliteitsimago 'made in China' heeft inmiddels plaats gemaakt voor 'innovated in China'. Voorspellingen geven aan dat China reeds in 2024 de grootste economie van de wereld kan zijn[39]. In vergelijking met China, vlakt de groei van de Verenigde Staten fors af, mede als gevolg van forse investeringen in oorlogen, zoals in het Midden Oosten.

Het 'Chinese powerhouse' is gestoeld op twee bouwblokken: onderzoek en innovatie, alsmede fysieke- en ICT-infrastructuur. Het eerste bouwblok van onderzoek en innovatie is gelegen in de vijf-jarenplannen van China voor haar economie. Het laatste vijfjaren-plan (2016-2020) benadrukt onder meer: *"Innovation: Move up in the value chain by abandoning old heavy industry and building up bases of modern information-intensive infrastructure"*[40].

Het tweede bouwblok betreft de fysieke en informatie intensieve infrastructuur. China doet forse investeringen in wegen, spoorwegen, vliegvelden, en havens. Waar China eerder een relatief gesloten land was, is China al jarenlang in transitie en daarbij internationaal aan het investeren in infrastructuur. Dit wordt ook wel de nieuwe zijderoute genoemd. Zo heeft China gigantische (strategische) investeringen gedaan in de infrastructuur van Afrika, evenals in Centraal Azië en Zuid Azië. Veel landen in deze regio's profiteren, zeker op korte termijn, van financiële hulp (veelal investeringen in fysieke infrastructuur) om de economie te stimuleren. Zo ontving Pakistan tijdens de financiële crisis van 2018 steun van het Internationaal Monetair Fonds (IMF) en Saudi Arabië. Ook China investeerde fors in Pakistan[41]. Deze steun gaat echter gepaard met voorwaarden.

In het zuidelijke deel van Sri Lanka heeft China geïnvesteerd in een nieuw vliegveld en een haven. Deze locatie is zeer strategisch gelegen, kijkend door een logistieke bril. In Europa namen de Chinezen in 2016 een meerderheidsaandeel in de Griekse haven van Piraeus, een belangrijke toegangspoort naar (de rest van) Europa. Bij de start van de financiële crisis in Europa in 2008, kreeg China al een 35-jaren recht om de haven te exploiteren, als tegenprestatie voor investeringen in Griekenland[42].

Voor wat betreft ICT-infrastructuur investeert China fors in digitalisering: big data als brandstof voor kunstmatige intelligentie. China en de Verenigde Staten voeren een machtsstrijd op het gebied van kunstmatige intelligentie. Europa is geen serieuze speler tussen deze twee giganten. Het Chinese bedrijf Alibaba breidt ook uit in Europa. Om haar Europese activiteiten te versterken opende Alibaba in 2018 datacenters[43] in het Verenigd Koninkrijk en een groot distributiecentrum in België[44].

Kortom, een slapende reus is wakker geworden. China wordt het machtsblok van de 21^e eeuw. De enige manier voor Europa en de Verenigde Staten om hiermee te concurreren is samenwerking. Laat dit nou net een steeds grotere uitdaging worden in het hedendaagse Europa, een gevolg van de naderende Brexit en een nieuwe politieke realiteit in de Verenigde Staten met President Trump.

Datum van eerste publicatie: 22 januari 2019

De metropolis als bakermat van de kenniseconomie

Steden vormen het fundament voor een kenniseconomie. Grotenhuis (2007)[45] kenmerkte steden als 'smeltkroezen van economie, technologie en cultuur', ontmoetingsplaatsen waar op de snijvlakken van disciplines innovatie ontstaat. Kortom, steden fungeren als broedplaatsen voor innovatie en zijn daarmee van groot belang voor een bloeiende kenniseconomie.

Naast de transitie naar een kenniseconomie vorige eeuw, is er een recentere ontwikkeling genaamd 'De slimme stad'. Dit concept krijgt de afgelopen jaren verder gestalte. Enerzijds door het (durven) aangaan van het experiment, zoals in steden als Toronto en Shanghai, of dichter bij huis in Helmond. Anderzijds door de toegenomen rekenkracht van computers en opslagcapaciteit. Dit maakt het mogelijk om steeds sneller, steeds grotere hoeveelheden data te verwerken met behulp van algoritmes. Het Internet of Things (IoT) en artificiële intelligentie (AI) vormen samen een enorme drijfveer voor deze ontwikkeling. Een schaduwkant hiervan raakt aan privacy en ethiek: wie heeft toegang tot welke data, in welke mate en door wie wordt privacy gegarandeerd?

Brainport Smart District[46]
"In twee jaar tijd groeide het idee voor 'De slimste wijk van Nederland' uit tot de stichting Brainport Smart District. Het geplande living lab in Helmond test de nieuwste concepten op het gebied van bouwen, gezondheid, mobiliteit, data en energie. En juist die regionale strategie, uitgevoerd door vijf partners uit de Brainport-regio, stelt de stichting in staat om zoveel experimenten tegelijkertijd te doen.

In totaal 1500 woningen en 4500 bewoners. Op 380 hectare grond een afgewogen mix van groen, wonen en een 'business district'. Een hele wijk die in het teken staat van het testen van up-to-date innovatieve technologie. Op de tekentafel is de slimste wijk van Nederland al uitgewerkt. Op het braakliggende veld naast het treinspoor, tegenover de Helmondse wijk Brandevoort, staat echter nog niets. De treinverbinding tussen Eindhoven en Helmond trekt daar een grens tussen 'wat is' en 'wat nog gaat komen'. In 2021 komt hier verandering in: de eerste fase van Smart District komt steeds dichter bij een fysieke vorm."

De verwachting is dat rond 2050 circa twee derde van de wereldbevolking in steden woont. Dit in vergelijking tot 1800, waar hooguit 3-5% van de wereldbevolking in steden woonde, aldus Wilson in zijn boek Metropolis uit 2020[47]. Wilson duidt hoe de relatie tussen steden en landen steeds verder uit elkaar groeit. Sao Paulo, Lagos, Moskou en Johannesburg representeren een derde tot de helft van de economie. In Lagos verdient 10% van de Nigeriaanse bevolking circa 60% van het landelijke inkomen. En 40% van de Chinese economie is afhankelijk van drie megastad-regio's. Klinkende cijfers die de trend duidelijk illustreren.

Metropolis: de grootste uitvinding van de mens (Wilson)[48]
"Een van de grote veranderingen waarmee de wereld de afgelopen dertig jaar te stellen heeft gehad, is het verbluffende feit dat wereldsteden zich als het ware losmaken van de landen waarvan ze deel uitmaken. De wereldeconomie draait steeds meer om slechts een paar steden en stedelijke regio's: in 2025 zullen 440 steden met een gezamenlijke bevolking van 600 miljoen zielen (7% van alle mensen) goed zijn voor de helft van het mondiale bruto binnenlands product" .

Steden hebben een ongekende aantrekkingskracht als het aankomt op werkgelegenheid, maar ook op dynamiek en leefbaarheid. Deze aantrekkingskracht is verrassend gezien de onleefbaarheid van steden. Veel stadregio's, zeker in niet-westerse landen, zijn broeihaarden van lawaai, stank, milieuvervuiling, en andere vormen van overlast. COVID-19 (en bijvoorbeeld eerder ook al de Pest in de 14ᵉ eeuw) nuanceert dat pandemieën geen grenzen kennen. Deze virussen gedijen goed in deze 'broeihaarden', waar en vanwaar ze zich heel goed kunnen verspreiden.

Sommige (hoofd)steden worden nieuw aangelegd. Ze worden om uiteenlopende redenen letterlijk op de tekentafel ontworpen. Denk aan Brasilia in Brazilië, Canberra in Australië, of Astana in Kazachstan. Indonesië heeft plannen om de huidige hoofdstad, Jakarta, te verplaatsen naar Oost-Kalimantan. Dit heeft alles te maken met de schaduwkanten van deze stad: verkeersproblemen, luchtvervuiling en het feit dat Jakarta steeds verder wegzakt in zee[49].

Steden die een aantrekkelijk vestigingsklimaat weten te ontwikkelen, waar de leefbaarheid en economische kansen voorop staan scoren ook vandaag de dag hoog in de ranglijsten. De Global Liveability Index[50] classificeert steden aan de hand van vijf parameters: stabiliteit, gezondheidszorg, cultuur en milieu, onderwijs en infrastructuur. Daarnaast zijn er andere ranglijsten die gebaseerd zijn op 'kwaliteit van leven' of 'beste steden om te wonen'. In de top 10 komen steevast steden uit Europa (Wenen, Kopenhagen, Londen), Canada (Vancouver), Oceanië (Melbourne, Auckland, Adelaide, Perth) en Azië (Tokio, Osaka, Singapore) terug.

De relatie tussen een aantrekkelijk vestigingsklimaat en economisch succes moge evident zijn. Dit belang zal de komende jaren alleen nog maar verder toenemen.

Datum van eerste publicatie: 23 september, 2021

Van kennisland naar kermisland

Op het eerste gezicht is Nederland een sterk kennisland, stevig gepositioneerd in het welvarende Europa. Dit continent is echter aan verval onderhevig. Ilja Leonard Pfeijffer schetst in zijn recente roman *Grand Hotel Europa*[51] een oud continent *"waar zoveel verleden is dat er voor toekomst geen plek meer is en waar het meest reële toekomstperspectief geboden wordt door de exploitatie van dat verleden in de vorm van toerisme."*

De voorbeelden zijn talrijk: van Venetië tot Florence in Italië, maar ook dichterbij in Amsterdam. Mede als gevolg van goedkope overnachtingen via Airbnb en goedkope vluchten naar Amsterdam wordt de hoofdstad, zeker in de zomerperiode, overspoeld door toeristen. Medewerkers van de winkel I Amsterdam, op Amsterdam Centraal Station, lopen zelfs al met T-shirts waarin Haarlem wordt gepromoot.

Ook op het platteland van Friesland weet men de toeristische kaart te trekken met Giethoorn. Jaarlijks komen er meer dan een miljoen toeristen om in de polder te komen kijken naar het oude Nederland. Natuurlijk is Nederland ook nog steeds innovatief, maar op mondiaal niveau blijven investeringen in onderwijs, onderzoek en ontwikkeling achter. Dit geldt evenzeer op Europees niveau, zeker wanneer dit continent wordt vergeleken met de Verenigde Staten of China.

In een opiniestuk in IDEE, het tijdschrift van het D66 Kenniscentrum, met de veelzeggende titel *Van Nederland Kennisland naar Nederland Kermisland*[52] schreven Grotenhuis en Schouten in 2005 reeds over het gestage, maar dreigende verval. De analogie met de kokende kikker wordt hier gemaakt: stop je een kikker in een pan kokend water, dan springt deze er direct uit. Echter, stop je een kikker in een pan koud water dat langzaam aan de kook wordt gebracht, dan blijft deze zitten.

Zo ook voor Europa dat teveel rust op haar verworvenheden uit het verleden: *"De laatste veertig jaar vertoont Europa alle symptomen van een geavanceerde economie die op de grenzen van haar groei is gestuit"*, aldus Ilja Pfeiffer. Dit terwijl de problemen zich gestaag opstapelen (van migrantenkwesties en milieu tot oprukkend populisme en een groeiende kloof tussen arm en rijk) en andere continenten, zoals Azië, fors groeien en aan wereldwijde invloed winnen.

In hun boek *Nederland Kennisland: Polderpraat of Boerenverstand*[53] schreven Grotenhuis, Tissen en Lekanne Deprez, in 2003, dat we naar een kennispact tussen de overheid en het bedrijfsleven toe zouden moeten werken. Voorwaarden om internationaal relevant te blijven zijn: gericht onderzoek, ontwikkeling, en onderwijs als fundamenten van een sterke kenniseconomie. De praktijk is weerbarstig: Nederland blijft ver achter bij de Lissabondoelstellingen[54].

Dit geldt evenzeer op Europees schaalniveau. De voorgenomen Brexit is in dit licht werkelijk treurig te noemen en kent, ongeacht de uitkomst, alleen verliezers op het Europese continent. In veel Aziatische landen heerst een sfeer van *'Tomorrow will be better'*, terwijl men in Europese landen denkt: *'What do we have to lose'*. Het gevolg is een sfeer van protectionisme. Laten we inzetten op de toekomst (met de bijbehorende investeringen) in plaats van te teren op de verworvenheden uit het verleden!

Datum van eerste publicatie: 25 maart 2019

De markt en de overheid

Sinds de jaren tachtig heeft de vrije markt ruim baan gekregen. Reagan, Thatcher en Lubbers waren de exponenten hiervan. Zij waren groot voorstanders van de 'invisible hand' van Adam Smith die stond voor een zo klein mogelijke overheid. 'Reagonomics' was zelfs een synoniem voor het terugdringen van overheidsbemoeienis. Privatisering stond hoog in het vaandel en de rol van de overheid moest tot een minimum worden beperkt. Inmiddels zijn de grenzen hiervan bereikt, overschreden en worden tegenmaatregelen genomen.

De afgelopen decennia hebben verschillende crises voortgebracht: begin jaren 2000 de crisis met de dot.com bubbel die barstte, gevolgd door de bancaire crisis in 2008, ingezet door Lehman Brothers. Sinds 2013 groeit de economie enorm, ondanks een klein dipje als gevolg van COVID-19 in 2020. Dankzij de steunprogramma's van de overheid groeit de economie als nooit tevoren. Met historisch lage rentepercentages, torenhoge huizenprijzen en dito aandelenkoersen groeit echter ook de scheve verdeling tussen arm en rijk.

De macht van big techbedrijven is het afgelopen decennium ontspoord. De grootste bedrijven, naar marktwaarde gemeten, zijn allemaal technologiebedrijven. Apple, Facebook, Google, Amazon, en Microsoft steken elkaar naar de kroon, terwijl aandeelhouders de vruchten plukken en zich rijk rekenen. Zo krijgen grootaandeelhouders steeds meer macht en invloed op de economie en maatschappij.

Zowel in de Verenigde Staten en China, als in de Europese Unie worden maatregelen genomen. Zo werd in China in maart 2021 Alibaba flink beteugeld. In augustus 2021 werden ook bij Tencent de duimschroeven aangezet. Naast het eraf veilen van de scherpe randjes van het kapitalisme, monopolies en vermogensongelijkheid, baart het onder toezicht krijgen van de grote hoeveelheden data van deze technologiebedrijven de Chinese overheid zeker ook zorgen[55].

Toch zijn we er nog lang niet. Naast een enorme kasvoorraad aan liquide middelen (Apple kan per direct een hele industrie opkopen) hebben technologiebedrijven veel invloed met big data. Door steeds grotere hoeveelheden data worden algoritmen steeds beter en daarmee tevens de toepassingen van kunstmatige intelligentie.

Mazzucato onderbouwt in haar boek *The Entrepreneurial State*[56] sterk hoe ondernemers hun bedrijf hebben ontwikkeld en doen groeien met steun van de overheid. Ze ontrafelt diverse mythes van het vrije marktdenken en toont geloofwaardig aan hoe bedrijven als Apple alleen met jarenlange steun van de overheid zich zo hebben kunnen ontwikkelen.

Een klassiek patroon is dat wetgeving volgt nadat er veel fout is gegaan. Het is leren en experimenteren met vallen en opstaan. De afgelopen jaren is de zogenaamde platformeconomie exponentieel gegroeid. Ook hier zijn de excessen bekend, van de overlast en leefbaarheid in steden met Airbnb tot het uitbuiten van chauffeurs door Uber. Op 13 september 2021 heeft de rechter uitspraak gedaan dat chauffeurs die werken via de taxi-app Uber als werknemers dienen te worden aangemerkt in plaats van als zelfstandig ondernemers[57]. Dit levert jurisprudentie op die grote invloed zal hebben op de platformeconomie.

Tot slot, Mazzucato schetst in haar meest recente boek *Mission Economics* (2021)[58] de analogie tussen de jaren zestig en het heden. Dit doet ze door te duiden dat de missie naar de maan meer was dan alleen een wetenschappelijke topprestatie van de ruimtevaart.

Juist in nieuwe vormen van publiek-private samenwerking kon dit ontstaan. Mazzucato pleit dan ook voor een hernieuwde rol van de overheid in de aanpak van de huidige crises. De overheid dient samen met de wetenschap en het bedrijfsleven het voortouw te nemen in de noodzakelijke transitie naar een nieuwe, duurzame verhouding tussen economie en maatschappij!

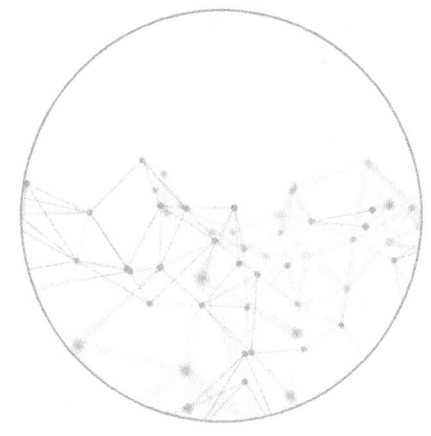

DEEL II

Digitalisering als gamechanger

In dit laatste deel wordt ingegaan op diverse facetten van digitalisering als grote game changer van onze toekomstige economie en maatschappij. Een invalshoek is meten en weten: hoe kun je big data stromen op een cruiseschip als living lab vangen, interpreteren en benutten in zinvolle toepassingen? Vervolgens wordt ingegaan op AI for good, waarvan steeds meer initiatieven zichtbaar zijn. Dit juist om ook de schaduwkanten en risico's van AI aan te pakken. Een ander perspectief gaat over het 'Internet of Things' en kunstmatige intelligentie als kans en bedreiging. AI als vloek en als zegen, waarbij 'AI for good' aan terrein wint. Daarna wordt digitalisering in de bancaire sector onder de loop genomen als illustratie van de impact op tal van sectoren in onze kenniseconomie. Tot slot wordt in dit deel ingegaan op de nieuwe machtsverhoudingen tussen de Verenigde Staten en China en de verschillende digitale universums.

Cruiseschip als living lab

Cruisen is helemaal in, niet alleen voor ouderen, juist ook voor jongeren en (jonge) gezinnen. Een ietwat decadente en comfortable manier om wat van de wereld te zien zonder al te veel moeite te doen. Cruisen is een mooi voorbeeld van de belevenis-economie. De afgelopen tien jaar is het aantal Nederlanders dat op cruise ging fors gestegen, met in 2017 circa 110.000 mensen[59].

Een cruiseschip representeert een minisamenleving, of 'drijvende stad', waar mensen samen eten, drinken, sporten, recreëren, overnachten en op excursie gaan. Ook hier spelen vraagstukken als gezondheid (hygiëne), veiligheid, afval (in relatie tot de grote hoeveelheden voedsel), duurzaamheid (in relatie tot 'schonere schepen'), maar ook mensen bewust maken van hun ecologische voetafdruk op het schip.

Zo beschouwd is een cruiseschip een geweldige proeftuin (een living lab) om gedrag te observeren, of zelfs hierop te interveniëren. De doelgroep is voor een vaststaande periode stabiel en daarmee geschikt om patronen te destilleren. Big data en kunstmatige intelligentie kunnen in sterke mate bijdragen aan het meten en analyseren, maar ook aan het beïnvloeden van verandering in gedrag en het meten van het effect daarvan. Denk hierbij aan sensoren of RFID-tags als meetinstrument. Ook de persoonlijke cruisepas (waarmee je alles afrekent aan boord en wat tevens als toegangspas dient) kan hier goed voor worden benut. Wellicht kan deze op termijn zelfs vervangen worden door een implantaat. Hoeveel tijd, en op welke tijden brengt men waar door en in wiens gezelschap? Hoe kun je passagiersstromen in goede banen leiden?

Specifieker kan hier, in combinatie met big data wetenschappers, bij uitstek een rol liggen voor de creatieve industrie. 'Ontwerpen voor gedrag' en 'the human touch' vormen belangrijke bouwstenen van de kennis- en innovatieagenda[60] van de topsector Creatieve Industrie. Het onderzoeks- en innovatieprogramma voor big data, Commit2Data[61], sluit hier ook goed op aan met diverse programmalijnen.

De Nederlandse organisatie voor Wetenschappelijk Onderzoek (NWO) en het regieorgaan voor praktijkgericht onderzoek SIA[62] organiseren reeds calls voor dit type onderzoek. Hierbij kunnen zowel HBO en WO een rol pakken. Na het onderzoeksterrein van festivals als tijdelijke steden, nu dan cruiseschepen als drijvende steden?

Datum van eerste publicatie: 14 mei 2019

Het internet der dingen

Het internet der dingen (Internet of Things, afgekort IoT) is een technologie waarbij alles met alles wordt verbonden. Het schrijdt gestaag verder in onze huishoudens met realtime verbinding tussen (slimme) voorwerpen, tussen ('slimme') mensen, maar ook al tussen (slimme) gebouwen en -steden.

Voor wat betreft het verbinden van spullen binnen je huis, denk hierbij aan de Alexa speaker van Amazon in de keuken die meeluistert naar je privégesprekken. Een ander bekend voorbeeld is de slimme koelkast (al dan niet met camera) die je waarschuwt voor bedorven producten, maar ook zelf bestellingen kan plaatsen wanneer producten (bijna) op zijn.

Een ander mooi voorbeeld is het bedrijf Rituals dat een app heeft ontwikkeld om op afstand thuis een lekkere geur te verspreiden: *"De Rituals Perfume Genie is een draadloze 'geurmachine' die je met een app kunt bedienen. Je regelt zelf wanneer er een lekkere geur uit het apparaat komt. In deze review lees je over onze ervaringen met de Rituals Perfume Genie en of het handiger is dan losse geurstokjes."*[63]

Wat betreft het verbonden zijn met andere mensen, we zijn tegenwoordig 'always on': continu bereikbaar en present voor anderen via Instagram, Facebook, Snapchat en Whatsapp. Het aantal 'vrienden' is nog nooit zo groot geweest. Stine Jenssen schreef hierover treffend in het boek *Echte vrienden*[64]. Er zijn zelfs digitale detox cursussen om weer even offline te leren zijn en je te mogen vervelen.

Naast het verbinden van apparaten en mensen gaan we nu steeds meer toe naar verbinding tussen gebouwen (smart buildings) en zelfs hele steden (smart cities). Dit is handig voor jezelf, maar ook voor commerciële bedrijven en overheden die steeds beter op jouw behoefte in kunnen spelen. Wat betekent dit voor je privacy?[65]

Denk aan het 'social credit system' in China[66], waar je continu wordt gemonitord en op basis van je gedrag meer of minder punten 'verdient'. Deze puntenscore is bijvoorbeeld bepalend voor de wachtlijst voor een huurwoning in een goede buurt, om maar een neutraal voorbeeld te noemen.

Dave Eggers waarschuwde in zijn boek *The Circle*[67] al voor dergelijke scenario's. Deze zijn feitelijk al uitgekomen met een utopische samenleving met een duistere keerzijde. Wetgeving loopt nu eenmaal achter de praktijk aan. Daarom is het bij het ontwerp van dit soort systemen en algoritmen ook zo belangrijk om dit verantwoord in te richten.

Nederland loopt hierin voorop, al staan de ambities nog wat in de kinderschoenen. Zo heeft het Platform voor Informatie-Samenleving (ECP) in het najaar van 2018 de *Artificial Intelligence Impact Assessment* ontwikkeld[68]. Hierbij wordt enerzijds gekeken naar de ethische en juridische kant van het doel en anderzijds naar hoe betrouwbaar, veilig en transparant een toepassing is.

Waar Azië en de Verenigde Staten doordenderen in de technologisch ontwikkeling van kunstmatige intelligentie, laten Europa en Nederland zich hard maken voor verantwoord datagebruik en ontwerp van algoritmen, maar ook randvoorwaarden in wetgeving. Alleen zo kan de menselijke maat in deze ontwikkelingen worden geborgd.

Datum van eerste publicatie: 4 februari 2019

AI for good

Door de eeuwen heen hebben technologische ontwikkelingen tot meer en meer welvaart geleid. Zo is ook voor kunstmatige intelligentie (AI) de verwachting dat de toepassingen hiervan veel waarde zullen genereren. Er zijn echter diverse schaduwkanten aan deze technologische ontwikkelingen. Denk aan de risico's van automatische wapensystemen of killer robots. Wie ontwerpt het algoritme erachter? Wie beslist uiteindelijk of een killer robot mag 'aanvallen'? En wie controleert de actie onder welke ethische normen en afwegingen?

Maar ook dichter bij huis, op het niveau van de digitale kloof tussen 'digital nomads' en 'digibeten'. Jongeren beschikken over veel digitale vaardigheden, terwijl ouderen of bijvoorbeeld analfabeten mogelijk (veel) minder digitaal vaardig zijn. Hoe red je jezelf in een steeds verder gedigitaliseerde wereld? Hoe ga je verstandig om met 'gratis' social media?

Tot slot worden er terechte vraagtekens gezet bij de arbeidsmarkt. AI zal veel banen doen laten verdwijnen, net als ten tijde van de industriële revolutie. Er zullen echter ook veel nieuwe banen worden gecreëerd. Hoe bereid je de jeugd hierop voor? Hoe anticipeer je als werkende op deze ontwikkelingen?

Gelukkig is er vandaag de dag steeds meer aandacht voor de schaduwzijden van AI en worden beleidskaders en richtlijnen ontwikkeld rond ethiek en privacy. Denk hierbij aan algoritmen die discrimineren en, in het verlengde hiervan, de discussie over transparantie van het ontwerp van algoritmen. Vooral Europa loopt hierbij voorop. Naast het bestrijden van de duistere kant van AI worden steeds meer initiatieven ontplooid om 'AI for good' na te streven.

Sustainable Development Goals

In 2015 is de stichting 'AI for Good'[69] in eerste instantie opgericht als initiatief van Amerikaanse en Europese wetenschappers. Samen met overheden en diverse organisaties worden concrete projecten gestart waar AI een bijdrage kan leveren aan een van de sustainable development goals.

De sustainable development goals (SDG's) van de Verenigde Naties[70] bouwen sinds 2016 voort op de voormalige millenium-doelstellingen. Er zijn 17 SDG's geformuleerd, met daaronder nog eens 169 targets. Data analyse en kunstmatige intelligentie kunnen hierbij een grote rol spelen.

Op het niveau van overheden, kennisinstellingen en gestaag ook het bedrijfsleven worden de SDG's in toenemende mate omarmd. AI kan bij de meeste SDG's een (positieve) rol spelen in de ontwikkeling. Denk aan digitalisering van onderwijs, waarmee ook kinderen in arme en afgelegen gebieden onderwijs kunnen volgen. Zo heeft Harvard University *EdX*[71] opgericht. Dit is een platform van internationale topuniversiteiten die hoogwaardig onderwijs ontsluiten voor iedereen.

Zero Hunger Lab[72]

"Het honger probleem in de wereld is groot. Vandaag de dag gaan volgens de Verenigde Naties (VN) maar liefst 690 miljoen mensen met honger naar bed. Elke tien seconden sterft ergens in de wereld een kind als gevolg van honger en ondervoeding. Het Zero Hunger Lab van Tilburg University helpt met wiskunde om wereldwijde voedselzekerheid te realiseren. Wij noemen dat bytes for bites.

Zero Hunger Lab van Tilburg University draagt vanuit data science bij aan het realiseren van de SDG-2 afspraken. Dit doen we door samen te werken met hulporganisaties, ontwikkelingsorganisaties, bedrijven, overheid en kennisinstellingen die zich ook inzetten voor een wereld zonder honger: hoe kun je de kracht van data science inzetten voor een betere wereld en een gezonde planeet?"

Effectief altruïsme

Naast de SDG's zijn er wereldwijd meer voorbeelden en varianten van de 'AI for good' beweging. Peter Singer, de grondlegger van de internationale beweging Effectief Altruïsme (EA), schetst in zijn boek *The Most Good You Can Do* (2015)[73] een nieuwe invalshoek op altruïsme. Vanuit een rationaal, economisch en zelfs utilitair perspectief is het doel om zo efficiënt en effectief mogelijk bij te dragen aan een beteren wereld.

Effectief altruïsme richt zich op de vraag 'hoe kunnen we onze (hulp)bronnen zodanig inzetten dat de opbrengst voor anderen maximaal is?' Daarbij wordt tevens gekeken naar langetermijn-ontwikkelingen en -gevaren, zoals klimaatverandering. Naast het nut van AI wordt het echter ook als potentieel groot risico beschouwd.

Existential risks from AI[74]

"Developments in artificial intelligence (AI) have the potential to enable people around the world to flourish in hitherto unimagined ways. Such developments might also give humanity tools to address other sources of risk.

Despite this, AI also poses its own risks. AI systems behave in ways that sometimes surprise people. At the moment, such systems are usually quite narrow in their capabilities - for example being excellent at Go, or at minimizing power consumption in a server facility. If people designed a machine intelligence which was a sufficiently good general reasoner, or even better at general reasoning than people are, it might become difficult for human agents to interfere with its functioning. If it then behaved in a way which did not reflect human values, it might pose a real risk to humanity. Such a machine intelligence might use its intellectual superiority to develop a decisive strategic advantage, and if its behaviour was for some reason incompatible with human well-being, it could then pose an existential risk. Note that this does not depend on the machine intelligence gaining consciousness, or having any ill will towards humanity."

Deze invalshoek raakt aan Life 3.0[75], het werk van Max Tegmark (2017). In Life 3.0 worden diverse vergezichten geboden, inclusief duisterdere scenario's waarbij AI de mensheid overneemt. Tegmark duidt heel beeldend de dilemma's en onzekerheden waar we voor staan. Daarmee geeft hij richting aan het debat dat gevoerd moet worden om deze risico's te kunnen neutraliseren.

Tot slot
AI decennia worden internationalisering (of globalisering) en technologie (of digitalisering) genoemd als de twee grote drijfveren van verandering. Met AI heeft deze verandering nog een extra zwieper gekregen waarvan we de impact nog niet kunnen overzien. De komende jaren zullen uitwijzen of we in staat zijn 'AI for good' de overhand te laten nemen.

Datum van eerste publicatie: 9 februari 2021

Democratisering van het bancaire stelsel: van bitcoin tot Libra

Banken hadden tot voor kort veel aanzien en invloed. Met de crisis van 2008 is het vertrouwen in banken geslonken tot een minimum. Joris Luyendijk schetst in het boek *Dit kan niet waar zijn*[76] een ontluisterend beeld, zowel in zijn analyse van het verleden, als van het heden. Er is niet voldoende veranderd. Een crisis als in 2008 kan zo weer de kop op duiken.

Begin 2019 pleit de Wetenschappelijke Raad voor Regeringsbeleid (WRR) voor een publieke bank, waarbij mensen weer risicovrij een spaar- en betaalrekening[77] kunnen openen. Daarnaast worden suggesties gedaan om de forse schuldengroei in te perken. Bovendien wordt gesproken over hoe burgers meer stem te geven, juist ook op bestuurlijk en toezichthoudend niveau.

Naast de enorme vertrouwenskwestie hebben banken te maken met digitalisering. Dit resulteert in reorganisaties van het personeelsbestand, maar ook van (het aantal) fysieke locaties om de kosten te drukken. Dit vraagt om andere bedrijfsmodellen. Een bank die hier anticyclisch op inspeelt is de Zweedse Handelsbank, die juist meer fysieke filialen opent. Daar waar andere banken juist verder centraliseren en hun filialen sluiten, opent de Zweedse Handelsbank nieuwe filialen in Europa[78]. Dit kan ze mede doen door haar businessmodel, evenals door haar sterke kapitaalpositie. Decentralisatie staat hoog in het vaandel, net als oorspronkelijk bij de Rabobank, als fusieproduct van de Raiffeisen- en Boerenleenbank.

ING: bank of techbedrijf?[79]

ING bank werkt hard aan haar toekomst door zichzelf steeds meer als hip techbedrijf te profileren. De bestaande filialen worden ingericht als knusse huiskamers: "Het zouden ook Starbucks-filialen kunnen zijn", aldus HR directeur van Beek van ING. Trendy termen als 'agile' (wendbaar) werken in 'squads' (kleine teams) aan 'minimal viable products' (een werkende testversie) worden gebezigd. Het contact met de klant verandert (via website en als eerste in Nederland een app voor betalen met Apple Pay), en daarmee ook de rol van bankier.

Technologie wordt dan ook steeds belangrijker voor banken. Volgens HR directeur van Beek heeft inmiddels tweederde van de ING medewerkers een techbaan: "Of het nu gaat over de medewerkersportal voor lease-auto's of om nieuwe functies in de app, zoals betalen met Apple Pay". Met alleen al zes miljoen gebruikers van de bankierenapp is ING voor IT-ers een interessante plek geworden om voor te werken.

Dankzij nieuwe technologie, zoals blockchain, worden hele sectoren op hun kop gezet en gedemocratiseerd in plaats van centraal aangestuurd. Zo ook voor de bancaire sector waar cryptomunten, zoals bitcoin al in 2009 hun intrede hebben gedaan. Pas in het najaar van 2017 werden cryptomunten bij het grote publiek bekend. Het jaar 2018 was echter erg zwaar voor cryptobeleggers. Overigens komt vanaf 2020 de handel in cryptomunten onder toezicht van De Nederlandsche Bank te staan[80].

Medio juli 2019 kwam Facebook met 'the next big thing': de Libra als nieuw betaalmiddel. Ogenschijnlijk geen primeur, omdat met de bitcoin al democratisering van betalingsverkeer is ontstaan. Het monopolie van banken werd daarmee verbroken, gepaard met de nodige controlemechanismen.

De Libra komt echter uit de koker van een van de grootste techbedrijven in de wereld. Daarmee kan een heel ander speelveld ontstaan en moet dit echt als een potentiële gamechanger worden gezien. Facebook heeft wereldwijd al een dominante positie en zou misbruik kunnen maken van de data die het reeds bezit. Denk aan het ontwikkelen van profielen op basis waarvan bepaalde mensen al dan niet in aanmerking komen voor een lening of verzekering[81].

De vraag is op welke manier de overheid hier een rol in moet spelen, van toezicht op commerciële banken en het opstarten van nieuwe initiatieven voor een publieke bank, tot cryptomunten die dusver wel als ruilmiddel worden erkend, maar juridisch nog niet als geld[82]. De Wetenschappelijke Raad voor Regeringsbeleid heeft in januari 2019 een rapport uitgebracht met adviezen. De Tweede Kamer is nu aan zet.

Datum van eerste publicatie: 3 september 2019

Digitale universums in China en de VS

Kunstmatige Intelligentie (AI) heeft het afgelopen decennium een vlucht genomen. Door toegenomen computercapaciteit en -rekenkracht is de laatste jaren een enorme transitie in gang gezet. Niet zomaar een transitie, maar een op het niveau van de elektrificatie van de samenleving aan het einde van de 19ᵉ en begin van de 20ᵉ eeuw, aldus Kai-Fu Lee (2018)[83]. In het succes van het benutten van elektriciteit in de vorige eeuw worden door Lee vier kernelementen onderscheiden: brandstof, ondernemers, techneuten en de overheid. Vertaald naar de context van AI vandaag de dag: big data als brandstof, hongerige ondernemers, AI-wetenschappers, en een ondersteunende overheid. De invloed van AI op onze kenniseconomie zal de komende jaren alleen nog maar verder toenemen.

DigiChina en de Verenigde Staten
De Verenigde Staten en China lopen wereldwijd voorop in deze ontwikkelingen, echter op een heel andere manier. Kai-Fu Lee maakt de vergelijking tussen de Soviet Unie, die in 1957 de eerste satelliet de ruimte in bracht, en China in 2016, waar meer dan 280 miljoen Chinezen getuige waren van de AlphaGo[84] overwinning op de Koreaanse wereldkampioen Lee Sedol. Dit was voor Chinese ondernemers, investeerders, en overheden een keerpunt in de ontwikkelingen in AI.

Lee stelt dat, tot voor kort, vergelijkingen tussen de Verenigde Staten en China als een race konden worden gekenschetst. Hierbij lagen de Verenigde Staten decennialang op kop. Echter rond 2013 nam het Chinese internet een andere afslag. In plaats van alleen internetbedrijven na te bootsen (zoals Baidu als Chinese versie van een zoekmachine – Google, of Tencent als Chinese variant van FaceBook) zijn in China bedrijven ontstaan die steeds meer diensten integreren, zoals WeChat. WeChat integreert de functies die Whatsapp heeft met andere diensten, zoals het kunnen boeken van vliegtickets of het maken van een afspraak met de huisarts. Ook Alibaba is een voorbeeld waarbij meerdere diensten worden geïntegreerd in een platform.

De kern van het verhaal is de enorme hoeveelheid aan big data die deze platforms verzamelen. Deze datastroom is in China vele malen groter dan in de Verenigde Staten. Daarmee wordt een moeilijk in te halen voorsprong opgebouwd door Amerikaanse en Chinese big techbedrijven als Google, Facebook, Amazon, Microsoft, Baidu, Alibaba en Tencent. Immers, hoe meer data, hoe nauwkeuriger een algoritme en daarmee de beschrijvende, voorspellende en voorschrijvende kracht.

QR codes and beggars
"During 2015 and 2016, Tencent and Alipay gradually introduced the ability to pay at shops by simply scanning a QR code within the app...by the end of 2017, 65 percent of China's over 753 million smartphone users had enabled mobile payments.

Migrant workers selling street food simply let customers scan and send payments while the owner fried the noodles. It got to the point where beggars on the streets of Chinese cities began hanging pieces of paper around their necks with printouts of two QR codes, one for Alipay and one for WeChat". (pp. 74-75)

Van narrow AI tot Artificial General Intelligence
Byron Reese (2018)[85] schetst vier ontwikkelingsfasen van de mensheid door de geschiedenis: van taal en vuur (het eerste tijdperk), via landbouw en steden (het tweede tijdperk) naar schrijven en het wiel (het derde tijdperk) tot robots en AI in het heden (het vierde tijdperk).

In het heden maakt Reese onderscheid tussen 'narrow AI' en 'Artificial General Intelligence' (AGI). De AI van vandaag is nog beperkt in termen van een overzichtelijke taak of routine binnen een domein, zoals een zelfrijdende auto. Daarbij worden vragen opgeroepen over banen van de toekomst, maar bijvoorbeeld ook over wapensystemen en hoe dit zich verhoudt tot automatisering, deep learning en AI.

Voor toekomstige AGI is de vraag of en op welke manier dit zich ontwikkelt en hoe dit zich verhoudt tot de mens. Deze discussie raakt aan het menszijn, of computers kunnen worden geïmplementeerd in de hersenen, en in hoeverre computers bewustzijn kunnen hebben.

Max Tegmark (2017)[86] onderscheidt drie fasen van leven: Life 1.0, biologisch (overleven en reproduceren), Life 2.0, cultureel (in staat eigen software te ontwerpen), en Life 3.0 technologisch (in staat eigen hardware te ontwerpen). In Life 2.0 (het heden zoals we dat nu kennen) verwijst software naar het feit dat de mens zich vaardigheden kan aanleren, zoals een taal leren, een sport of een vak. Life 3.0 is nog een utopisch toekomstperspectief, waar Tegmark voortbouwt op de gedachte van Artifical General Intelligence. Hij stelt dan ook dat de meest urgente vraag van deze generatie is: 'Op welke manier willen we ons ontwikkelen naar Life 3.0'?

Welcome to the most important conversation of our time
"Technology is giving life the potential to flourish like never before – or to self-destruct" – Future of Life Institute

De wal die het schip keert?
Sinds 2018 zijn een aantal grote Amerikaanse big techbedrijven gedaagd voor Europese en Amerikaanse hoorzittingen. Eind 2020 heeft de Amerikaanse toezichthouder Facebook pas echt het vuur

aan de schenen gelegd. Daarbij dient zelfs de vraag zich aan of, om haar macht te kunnen beteugelen[87], Facebook (met 3,2 miljard gebruikers) haar onderdelen Whatsapp en Instagram moet afstoten.

Sinds de tweede helft van 2020 zijn er in China ook steeds meer pijlen gericht op Jack Ma, oprichter van Alibaba[88]. In het najaar van 2020 heeft Ma uitspraken gedaan over de noodzaak van diepgaande hervormingen van het financiële systeem. Hiermee heeft hij tegen de schenen geschopt van de overheid en haar toezichthouders. Dit uitte zich eveneens in het blokkeren van de beursgang van de Ant Group (bestaand uit Ant Financial en Alipay, beide ontstaan uit de koker van Jack Ma) door de Chinese overheid.

Een slechte kapitalist?
In China heeft Jack Ma een sterrenstatus. Hij heeft er zelfs de bijnaam 'Vader Ma'. "Xi Jingping heeft een vergelijkbare eretitel", zegt Van Pinxteren. "Als er anderen zijn die een dergelijke aanspreekvorm krijgen, dan is dat iets wat de president niet prettig zal vinden of lang zal tolereren." The New York Times schreef onlangs dat het publieke sentiment verandert: Ma wordt nu een 'schurk' genoemd en een 'slechte kapitalist'.

Internationaal dus een trend waarbij de wal het schip lijkt te gaan keren voor de grote technologiebedrijven. Net als in de jaren tachtig waarbij AT&T te groot werd en verplicht werd opgedeeld[89]. Zoveel nieuws is er ook weer niet achter de zon.

Datum van eerste publicatie: 26 januari 2021

Tot slot

Kapitalisme heeft de wereld enorm veel welvaart gebracht, maar de schaduwkanten van het kapitalisme worden steeds duisterder. Denk hierbij aan de bankensector, kinderarbeid of het effect van ongebreidelde groei op het klimaat. De 'invisible hand' blijkt niet voldoende.

Daarnaast groeit het besef dat we niet op oude voet door kunnen groeien: groei om groei, in analogie met l'art pour l'art. In de 20^e eeuw komt het besef van grenzen aan de groei, in balans met duurzaamheid en maatschappij. Dit komt onder meer tot uitdrukking in de drie-eenheid van People, Planet en Profit, recenter door Kate Raworth verpakt als de donut economie[90].

Met COVID-19 heeft de mondiale economie een reset gekregen. Zo'n crisis herbergt zowel een gevaar als een kans om de kenniseconomie te vernieuwen, deze keer juist in balans met de aarde en haar bewoners. Overheden hebben hier een rol te pakken, te meer nog nu er zoveel staatssteun is verleend waar harde afspraken aan kunnen worden verbonden. Waarom terug naar de oude economie? Het adagium *'never waste a good crisis'* spreekt veel meer aan!

Als betrouwbare partner kan *de overheid* de kenniseconomie goed faciliteren en ook als opdrachtgever voor ondernemers. Soms betekent dat anticyclisch investeren, zoals ten tijde van COVID-19 toch doorgaan met het Groeifonds, als miljardenprogramma voor o.a. kunstmatige intelligentie, voor een onbepaalde periode is uitgesteld[91]. De overheid dient voorwaardenscheppend te werken en daarmee het speelveld optimaal in te richten. Dit betekent ook vernieuwen in instrumentarium, zodat ook innovaties in de nieuwe economie ruimte krijgen.

Ondernemers, het bedrijfsleven, moet vooral blijven doen waar men goed in is: vanuit passie vernieuwen en producten en diensten ontwikkelen die passen bij de vraag van consumenten en maatschappelijk verantwoord (in balans met de planeet en goed werkgeverschap).

Onderzoek en *onderwijs* verdienen eveneens een transformatie. Het onderwijs is nu nog ingesteld op de industriële economie van de vorige eeuw. We moeten naar een flexibel en modulair onderwijs toe, waarbij leven-lang leren centraal staat. Naast kennis wordt het verzamelen, combineren, verifiëren en duiden van informatie veel belangrijker. Basiskennis blijft, ondanks Google, wel degelijk van belang. Het is essentieel om context te hebben en daarmee te kunnen duiden hoe een en ander zich verhoudt en welke informatie(bron) relevant is.

Onderzoek is blijven hangen in rigide structuren waarbij de Nederlandse organisatie voor Wetenschappelijk Onderzoek (NWO) middelen alloceert. Ook de gelijkheidsdeken wordt nog teveel gehanteerd bij subsidieregelingen, terwijl er soms beter keuzes kunnen worden gemaakt waarbij kansrijke sterke ideeën echt een schaalsprong kunnen maken. In bijvoorbeeld China worden vijfjarenplannen gemaakt waarin de prioriteiten voor een vaste periode worden bepaald, met een flinke zak geld daarbij.

Valorisatie van kennis verdient veel meer ruimte en waardering zodat dit ook praktijkrelevant is. In de Verenigde Staten wordt bijvoorbeeld ondernemerschap ook op de universiteit beloond, weliswaar af en toe met (schijn van) belangenverstrengeling. De beloningssystematiek moet ook worden hervormd. Deze moet niet enkel gebaseerd worden op anciënniteit of een hoge H-score op basis van publicaties in toptijdschriften.

Bovenstaande elementen zijn allemaal belangrijk voor een florerende kenniseconomie. Uiteindelijk draait een kenniseconomie echter op kenniswerkers, mensen die kunnen werken in een geglobaliseerde wereld waarbij digitale vaardigheden essentieel zijn.

Daarbij worden 'softe vaardigheden' steeds belangrijker, zoals empathie, samenwerken en creativiteit. Marty Neumeier lardeert dit op een aansprekende manier in zijn boek *Metaskills*[92]. Hierin zet hij het belang van 'feeling, seeing, dreaming, making, and learning' als creatieve vaardigheden uiteen. Creativiteit als complement van technologie vormt het andere ingrediënt voor een succesvolle kenniseconomie.

Over de auteur

Dr. Frits Grotenhuis (1972) is econoom en bedrijfskundige. Frits werkt als strategie consultant, kwartiermaker en directeur met een open en brede interesse. Digitalisering loopt hier als een rode draad doorheen. Zijn scope wordt mede gevoed door een diversiteit van toonaangevende projecten en opdrachtgevers, maar ook geïnspireerd door de actualiteit en vele internationale reizen waarbij hij graag van de gebaande paden treedt.

Opdrachtgevers zijn directies en bestuurders in onderwijs en onderzoek, bedrijfsleven en overheden. Juist in deze 'gouden driehoek' heeft Frits de afgelopen decennia relevante ervaring, expertise en netwerk opgebouwd. Momenteel is Frits werkzaam als directeur dutch digital delta, Topsector ICT.

Daarnaast publiceert Frits Grotenhuis met enige regelmaat op websites, in kranten, wetenschappelijke tijdschriften, of in de vorm van essays en boeken. Ook is hij dagvoorzitter en spreker op congressen. Frits Grotenhuis is bereikbaar via:

E. frits@grotenhuisadviseert.nl
I. www.grotenhuisadviseert.nl

Referenties

1. http://www.grotenhuisadviseert.nl
2. https://www.loesje.nl/wp-content/uploads/2013/11/NL9111_9.pdf
3. Grotenhuis, FDJ, Lekanne Deprez en RJ Tissen (2003). *Polderpraat of boerenverstand: Over de snelle opkomst, vroegtijdige ondergang en verwachte (weder)opstanding van de Nederlandse kenniseconomie*, 't Harde Pad
4. Grotenhuis, FDJ (2006). *Gij zult innoveren: over de 7 geboden van de Nederlandse kenniseconomie*, Dutch University Press
5. https://www.investopedia.com/terms/f/four-asian-tigers.asp
6. https://moneytalk.knack.be/geld-en-beurs/beleggen/brics-landen-moeten-plaats-maken-voor-de-mint-landen/article-normal-348637.html?cookie_check=1591859726
7. Frankopan, P. (2018). *De Nieuwe Zijderoutes: het Heden en de Toekomst van de Wereld*, Spectrum
8. https://techwireasia.com/2020/05/inside-chInas-new-us1-4-trillion-dollar-digital-transformation-master-plan/
9. https://nl.wikipedia.org/wiki/Occupy_Wall_Street
10. Heijne, S. En H. Noten (2020). *Fantoomgroei: waarom we steeds harder werken voor steeds minder*, Atlas Contact
11. https://nl.wikipedia.org/wiki/Smart_Industry
12. Bregman, R. En J. Frederik (2015). *Waarom vuilnismannen meer verdienen dan bankiers*, stichting Maand van de filosofie
13. Pels, D. (2007). *De economie van de eer: een nieuwe visie op verdienste en beloning*, Amsterdam: AMBO
14. Heijne, S. En H. Noten (2020). *Fantoompijn: waarom we steeds harder werken voor steeds minder*, Atlas Contact

15 https://www.nrc.nl/nieuws/2021/04/02/te-lang-is-gedaan-alsof-de-natuur-gratis-is-valt-de-waarde-van-natuur-te-meten-a4038168?t=1632384337
16 https://www.cbs.nl/nl-nl/publicatie/2020/21/monitor-brede-welvaart-de-sustainable-development-goals-2020
17 www.i3b.org
18 http://www.maritimecampus.nl
19 https://www.mind-labs.nl
20 Ostenwalder, A. en Y. Peigner (2010). *Business Model Generation: A Handbook for Visionaries, Game Changers, and Challengers*, John Wiley
21 https://www.linkedin.com/pulse/slimme-vastgoed-strategie-stimuleert-innovatie-op-de-campus-klempic/
22 www.museummore.nl
23 www.singerlaren.nl
24 https://www.slideshare.net/llPCreate/waarde-van-creatie-innovatieprogramma
25 https://www.topsectoren.nl/actueel/nieuws/2018/juli/13-07-18/innovatie-en-topsectoren-richten-op-maatschappelijke-uitdagingen
26 *Seventh Austrian Creative Industries Report – Focus: Cross-over Effects and Innovation*, Kreativwirtschaft Austria
27 https://www.cbs.nl/nl-nl/achtergrond/2014/37/vooronderzoek-satellietrekening-cultuur-en-creatieve-industrie
28 https://nos.nl/artikel/2270507-meubels-huren-en-leasen-groen-en-lekker-makkelijk.html
29 https://www.ovpro.nl/trein/2018/10/12/populariteit-ov-fiets-vereist-opnieuw-extra-fietsen/?gdpr=accept

30 https://www.nrc.nl/nieuws/2017/08/03/de-strooifiets-leidt-meteen-tot-ergernis-12341479-a1568753

31 https://circonl.nl/over-circo/

32 Elkington, J. (1999). *Cannibals with Forks*, John Wiley And Sons Ltd, september

33 Raworth, K. (2017). *Donut Economie: in zeven stappen naar een economie voor de 21^e eeuw*, Nieuw Amsterdam, december

34 Piketty, T. (2014). *Kapitaal in de 21e eeuw*, De Bezige Bij

35 Chang, H-J (2010). *23 Dingen die ze je niet vertellen over het kapitalisme*, Nieuw Amsterdam, november

36 Luyendijk, J. (2015). *Dit Kan Niet Waar Zijn: Onder Bankiers*, Atlas Contact, februari

37 https://en.unesco.org/news/japan-pushing-ahead-society-50-overcome-chronic-social-challenges

38 https://www.sdgnederland.nl

39 https://news.ihsmarkit.com/press-release/economics-country-risk/china-become-worlds-largest-economy-2024-reports-ihs-economics

40 https://en.wikipedia.org/wiki/Five-year_plans_of_China#-Focus_areas

41 https://www.cnbc.com/2018/11/06/strapped-for-cash-pakistan-looks-to-china-and-middle-east-for-help.html

42 https://www.volkskrant.nl/economie/chinese-investering-redt-haven-van-piraeus~be8e477a/

43 https://www.cnbc.com/2018/10/22/alibaba-opens-two-uk-data-centers-to-boost-cloud-operations-in-europe.html

44 https://www.vrt.be/vrtnws/en/2018/11/13/chinese-e-commerce-giant-alibaba-to-pick-belgium-as-first-europe/

45 Grotenhuis, F.D.J. (2007). *De toekomst van creativiteit: steden als smeltkroezen van economie, technologie en cultuur.* Amsterdam: Dutch University Press.

46 https://future-city.nl/helmond-brainport-smart-district-living-lab-wordt-gewone-wijk/

47 Wilson, B. (2020). *Metropolis: de grootste uitvinding van de mens.* Amsterdam: Spectrum

48 Wilson, B. (2020). *Metropolis: de grootste uitvinding van de mens.* Amsterdam: Spectrum

49 https://www.businessinsider.nl/jakakart-nieuwe-hoofdstad-indonesie/

50 https://www.eiu.com/n/campaigns/global-liveability-index-2021/

51 Pfeijffer, I.L. (2018). *Grand Hotel Europa*, de Arbeiderspers, december

52 Grotenhuis, F. En K. Schouten (2005). *Van Nederland Kennisland naar Nederland Kermisland*, tijdschrift IDEE, D66 Kenniscentrum, december

53 Grotenhuis, F.D.J., R.J. Tissen en F. Lekanne Deprez (2003). *Nederland Kennisland: Polderpraat of Boerenverstand – over de snelle opkomst, vroegtijdige ondergang en verwachte (weder) opstanding van de Nederlandse kenniseconomie*, 't Harde Pad

54 https://nl.wikipedia.org/wiki/Strategie_van_Lissabon

55 https://www.nrc.nl/nieuws/2021/09/15/de-chinese-staat-eist-de-macht-weer op in de-cconomie-a4058329

56 Mazzucato, M. (2013). *The Entrepreneurial State: debunking public vs private sector myths*, London: Anthem Press

57 https://www.nrc.nl/nieuws/2021/09/13/dienstverband-uitspraak-uber-moet-chauffeurs-als-werknemers-behandelen-a4058095

58 Mazzucato, M. (2021). *Mission Economics: A Moonshot Guide to Changing Capitalism*, London: Harper Business
59 https://www.cruisereiziger.nl/2018/10/04/cruisevakanties-onder-millennials-steeds-populairder/
60 https://www.clicknl.nl/kennis-en-innovatieagenda/
61 www.commit2data.nl
62 http://www.regieorgaan-sia.nl
63 https://www.iculture.nl/reviews/rituals-perfume-genie-review/
64 Jensen, S. (2011). *Echte vrienden: Intimiteit in tijden vn Facebook, GeenStijl en WikiLeaks*, uitgave in het kader van de Week van de Filosofie, Lemniscaat
65 Martijn, M. en D. Tokmetzis (2016). *Je hebt wél iets te verbergen: Over het levensbelang van privacy*, De Correspondent
66 https://en.wikipedia.org/wiki/Social_Credit_System
67 Eggers, D. (2013). *The Circle*, Random House, US
68 https://ecp.nl/jaarcongres/artificial-intelligence-impact-assessment/
69 https://ai4good.org/about-us/
70 https://nl.wikipedia.org/wiki/Duurzame_Ontwikkelings-doelstellingen
71 https://www.edx.org
72 https://www.tilburguniversity.edu/nl/onderzoek/impact/creating-value-data/zero-hunger-lab
73 https://en.wikipedia.org/wiki/The_Most_Good_You_Can_Do
74 https://concepts.effectivealtruism.org/concepts/existential-risks-from-artificial-intelligence/

75 Tegmark, M. (2017). *Life 3.0: Being Human in the Age of Artificial Intelligence*, New York: Vintage Books

76 Luyendijk, J. (2017). *Dit kan niet waar zijn – onder bankiers*, Atlas

77 https://www.nrc.nl/nieuws/2019/01/17/advies-overheid-moet-publieke-bank-oprichten-a3650746

78 https://www.banken.nl/nieuws/20030/opnieuw-sterke-groei-handelsbanken-in-nederland

79 Kalse, E. (2019). *Bankieren zonder bankiers*, NRC, 29 juli

80 https://www.emerce.nl/nieuws/dnb-verscherpt-toezicht-handel-cryptomunten

81 https://www.rtlz.nl/beurs/artikel/4756411/libra-facebook-cryptocurrency-banken-minder-concurrentie-data

82 https://nl.wikipedia.org/wiki/Cryptogeld

83 Lee, Kai-Fu (2018). *AI superpowers: China, Silicon Valley and the new world order*, New York: Houghton Mifflin Harcourt Publishing Company

84 https://en.wikipedia.org/wiki/AlphaGo

85 Reese, B. (2018). *The Fourth Age: Smart Robots, Conscious Computers and the Future of Humanity*, New York: Atria International

86 Tegmark, M. (2017). *Life 3.0: Being Human in the Age of Artificial Intelligence*, New York: Vintage Books

87 https://www.nrc.nl/nieuws/2020/12/10/gaat-facebook-nu-verder-zonder-whatsapp-en-instagram-a4023389

88 https://nos.nl/artikel/2362870-het-imperium-van-jack-ma-is-voor-de-chinese-regering-te-machtig-geworden.html

89 https://nl.wikipedia.org/wiki/AT%26T

90 https://www.kateraworth.com

91 https://mechatronicamachinebouw.nl/artikel/wetenschappers-vrezen-voor-concurrentiepositie-nederlandse-ai/?utm_source=Nieuwsbrief+Mechatronica%26Machinebouw&utm_campaign=1aae5e03f6-EMAIL_CAMPAIGN_2020_06_10_08_58&utm_medium=email&utm_term=0_26793b50b4-1aae5e03f6-322452081

92 https://www.martyneumeier.com/metaskills

www.ingramcontent.com/pod-product-compliance
Lightning Source LLC
Chambersburg PA
CBHW070821220526
45466CB00002B/732